Mann nth

Gardner F. Fox

Writat

Diese Ausgabe erschien im Jahr 2023

ISBN: 9789359256023

Herausgegeben von
Writat
E-Mail: info@writat.com

MANNth
von GARDNER F. FOX

Er stand verängstigt allein im Labor und starrte auf die winzigen Staubkörnchen, die leicht im Wind wirbelten. Dieser Staub war vorhin noch ein Block aus festem Blei gewesen; bevor er es berührt hatte, und konzentrierte sich.

Jonathan Morgan leckte sich mit trockener Zunge die Lippen. So etwas sollte dem Assistenten des Chefs der National Foundation for Physics Research nicht passieren. Es verstieß gegen jedes Gesetz, das er in den letzten zwölf Jahren so intensiv studiert hatte, seit er sich in der High School entschieden hatte, die Physik zu seinem Lebenswerk zu machen.

„Ich bin verrückt", sagte er zu sich selbst, obwohl er wusste, dass er völlig bei Verstand war; Das war es, was ihm Angst machte, da er wusste, dass er bei Verstand war.

Er nahm ein Reagenzglas aus einem Holzgestell vor sich, packte es fest und runzelte die Brauen über seinen klaren schwarzen Augen. Wenn das funktioniert, dachte er wütend, kann ich jedes Gesetz der Physik und der organischen Chemie auf den Müllhaufen werfen und zum Landstreicher werden, der auf den Ruten des ersten Zuges aus der Stadt fährt ...

Das Glas in seinen Händen dehnte sich merklich; wuchs und dehnte sich auf Pint-Größe aus, auf die Größe eines Quart-Behälters.

" *Gott!* "

Das Glas zersplitterte auf dem mit Intarsien ausgelegten Linoleumboden. Jonathan streckte seine großen Hände aus und klammerte sich an die Kante der Tischplatte aus Sandstein, bis sich seine Muskeln entlang seiner behaarten Unterarme zu großen Graten zusammenzogen.

„Dr. Wooden!" schrie er heiser. „Dr. Wooden!"

Ein großer Mann kam und stand in der Tür und starrte ihn an. Er war in einen weißen Kittel gekleidet und hatte die Ärmel hochgekrempelt, um seine Handgelenke freizulegen.

„Hast du – Jonathan angerufen? Was ist los?"

Der Häuptling rannte auf ihn zu, sein Blick blickte aufmerksam in sein weißes Gesicht, seine Gesichtszüge waren angespannt.

„Sie hatten einen Schock. Sagen Sie mal, haben die Strahlen so reagiert, wie wir gehofft hatten?"

„Nein, nein. Es sind nicht die Strahlen. Ich bin es. Ich – ich bin *unendlich*!"

Dr. Wooden lächelte und sagte: „Setz dich, Junge. Du hast zu hart gearbeitet. Du brauchst eine Pause. Vergiss alles über den Calcatryt und wie man die Strahlen, die er aussendet, beugt. Du brauchst eine Abwechslung. Vielleicht das Ufer. Oder meine Berghütte in den Adirondacks.

Jonathan Morgan richtete sich auf, schüttelte den Kopf und murmelte: „Nein, nein." Sein Gehirn wurde klarer und er wusste mit grimmiger Sicherheit, dass ihm aus einem bestimmten Grund etwas Großes passiert war. Er hob einen weiteren Bleiblock hoch und blickte darauf hinab.

„Passen Sie auf, Doktor. Passen Sie auf die Führung auf."

Der Bleiblock zitterte seltsam und durchlief eine seltsame Verwandlung. Seine Umrisse wurden verschwommen und undeutlich. Es schrumpfte, löste sich auf; wurden zu winzigen Staubpartikeln in Morgans Handfläche. Jonathan bückte sich und blies in den Staub, und er flatterte davon.

Er sah Doktor Wooden mit einem schiefen Lächeln an.

„Ich kann alles tun, Doktor. Ich kann wachsen oder klein werden. Ich kann zerstören oder ich kann – erschaffen!"

„Nun", hauchte der Chief böig. „Ich glaube dir fast. Puh! Mann, bist du dir bewusst, welch weite Aussichten sich dir eröffnen? Mit so einer Macht ... oh mein Gott! Wie abgedroschen bin ich, nachdem ich – das gesehen habe!"

„Das macht dich irgendwie sprachlos", stimmte Jonathan trocken zu. „Doktor, glauben Sie, dass mir dieses Geschenk aus einem ... Grund gegeben wurde?"

Der Chef warf seinem Assistenten einen scharfen Blick zu und nickte dann leicht.

„Mach weiter, Jonathan. Sag mir, was dir durch den Kopf geht."

Jonathan Morgan stolzierte den Laborgang auf und ab, sein großer Körper war anmutig wie der schleichende Panther, seine breiten Schultern passten perfekt in den verschmierten Laborkittel. Er war ein großer Mann. Conference-Football und Baseball hatten dem Körper, der aus einer Bauernfamilie stammte, geschmeidige Muskeln verliehen. Schwarzes Haar, kurz geschnittener Kurzhaarschnitt über einem hochwangigen, gebräunten Gesicht und kohlschwarze Augen, die wachsam waren wie die einer wachsamen Katze, trugen zu seinem fitten Aussehen bei.

„Ich kenne diese Macht seit gestern Abend“, sagte er langsam. „Wir waren an Mrs. Gordons Brücke, erinnerst du dich? Ich saß dort mit dem beschimpften Becher auf meinen Knien und wünschte, ich müsste ihn nicht trinken, als mein Geist leer wurde. Absolut leer.

„Es war, als würde man in einem dunklen Gewölbe schweben, während jemand an einem arbeitet. Ich konnte *fühlen,* was sie – oder *es* – mit mir machte. Oh, es tat nicht weh. Es war nur ein Gefühl von … Bewusstsein. Wie obwohl mich jemand mit telepathischen Instrumenten operierte. Ich wusste genau, was zu tun war, und ging dorthin und brachte es schnell hinter mich. Als das Gefühl verschwand, saß ich immer noch da. Ich hatte mich nicht bewegt, und niemand hatte es getan Mir ist nichts aufgefallen. Es war in unglaublich kurzer Zeit erledigt.

„Ich erinnere mich, wie ich den Tee in der Tasse betrachtete und mir von ganzem Herzen wünschte, es wäre ein starkes Getränk. Und als ich ihn an meine Lippen setzte, war es genau das – der beste Schnaps, den ich je in meinem Leben getrunken habe.“

„Ich brauchte dieses Getränk. Vor allem angesichts der Tatsache, dass es ein Getränk war. Dann glaubte ich, eine Stimme zu hören, die mir aus der Ferne zuflüsterte. Ich saß still und lauschte. Aber die Stimme, oder was auch immer es war, konnte es nicht. „Es kam nicht zu mir durch. Es versuchte verzweifelt, mir etwas zu sagen, aber die Verbindung war falsch. Es gab nach einer Weile auf.“

Jonathan nahm die Zigarette, die der Arzt ihm reichte, und zog daran, während er im Sonnenlicht stand und auf den Boden blickte.

„Auf dem Heimweg fragte ich mich, was passiert war. Ich dachte, vielleicht hat mir jemand unglaubliche geistige Kräfte geschenkt. Ich blickte zum Mond auf und wunderte mich darüber.“

„Mir kam die Idee: Warum sollte ich mich nicht auf den Mond konzentrieren und sehen, was passieren würde? Es sollte ein Test sein, verstehen Sie?

„Ich habe mich konzentriert, okay.

„Das nächste, woran ich mich erinnerte, war, dass ich darauf stand. Und oh Mann! Die Erde ist verdammt groß, ob man nach oben oder nach unten schaut.“

Der Chief erstickte am Zigarettenrauch. Schließlich schnappte er nach Luft. „Du willst mir sagen, dass du auf dem Mond warst?“

Erde zurückgekrochen . Es gibt einige Dinge auf unserem Satelliten –

„Heute Morgen habe ich versucht, Materie zu zerstören. Du hast gesehen, wie es funktioniert. Ich habe versucht, Dinge wachsen zu lassen. Das funktioniert auch. Sie ist unbegrenzt, diese Kraft. Alles, was grenzenlos ist, ist – unendlich."

Doktor Wooden steckte seine Zigarette in eine Schüssel mit Wasser. Jonathan warf seins aus dem Fenster und sah zu, wie es nach unten bogen. Sie standen schweigend da und runzelten die Stirn. Doktor Wooden erwachte langsam.

„Du kannst dieses Geschenk in den größten Nutzen für die Menschheit verwandeln, den die Welt je gesehen hat, Jonathan. Du kannst wissenschaftliche Geheimnisse an der Quelle erforschen. Du könntest Heilmittel finden. Du könntest-"

Jonathan winkte mit der großen Hand.

„Ich weiß. Ich habe über all das nachgedacht. Aber ich mache mir Sorgen. Ich habe das Gefühl, dass mir diese Macht zu einem bestimmten Zweck gegeben wurde. Damit ich etwas noch Größeres tun kann. Keine Kraft, von der wir wissen, dass sie das hätte. " Ich habe mir das angetan. Es kam von draußen, jenseits der Erde. Das *muss* es gewesen sein. Da draußen gibt es etwas, das mich braucht – oder will. Vielleicht hat diese Stimme doch ein paar unbewusste Vorschläge gemacht. Wo auch immer sie herkam, Ich sollte diese Stimme finden.

„Sie könnten das Universum erkunden", murmelte Dr. Wooden nachdenklich.

„Vielleicht muss ich das. Wenn es sein muss, werde ich den gesamten Weltraum absuchen. Ich kann mich nicht zurückhalten. Vielleicht hat mir die Stimme das auch eingepflanzt. Der Drang, zwischen den Sternen hinauszugehen und danach zu suchen. Das Fernweh." Es ist so etwas wie Durst und Hunger, das ist ein Teil von dir."

„Wann gedenkst du zu gehen?"

„Heute Abend. Vielleicht sofort. Warum auf die Nacht warten? Oh Gott, ich weiß nicht, was ich sagen oder denken soll. Aber ich gehe."

Dr. Wooden packte ihn am Arm und zog ihn in den Nebenraum. Es war ein kleineres Labor, kahl bis auf lange Chromtische, auf deren Tischplatten Stative aus Metall hingen. In jeder Wiege befand sich ein halbtransparenter Block aus kristallinem Gestein mit feinen Adern schillernder Farbe, die in den milchigen Tiefen miteinander verflochten waren und seltsame Muster bildeten.

„Du bist jung, Jonathan, und du bist einfallsreich. Ich versuche nicht, dich davon abzubringen. Ich möchte nur, dass du darüber nachdenkst."

Er legte seine Hände auf die Felsen in den Wiegen. Bei diesen Steinen handelte es sich um Calcatryte , die versehentlich mit einer Schaufel vor dem Great Barrier Reef ausgebaggert und zur Prüfung an die National Foundation geschickt wurden.

Dr. Wooden biss sich auf die Lippen. Jonathan wusste, welche Zurückhaltung er an den Tag legte. Dieses Forschungsinstitut war sein Herzenstraum, mit seinen Marmorsälen und Linoleum-Laborböden, seinen Chromtischen. Er hatte zwei Dinge in seinem Leben: das Institut und seine Theorie. Und Jonathan war Teil von beidem.

als eine ihrer Eigenschaften *direktes Licht* aussendet . Licht, das sich nicht wie alles Licht krümmte. Licht, das aufgrund seiner Starrheit durch die bloße Energie seiner Photonen die Atomstruktur anderer Materie durchschneiden und einen Weg in ein Ding bahnen würde, indem es Elektronen aus ihren Betten reißt. Ein Licht, das alle Schneid- und Sägeinstrumente in den Schatten stellt; ein Strahl, der einfach zu handhaben und kostengünstig zu betreiben wäre.

Viele Elemente hatten sie getestet und ausprobiert; viele getestet, viele beiseite geworfen. Als der Kalkatryt hereingebracht wurde, hatten sie nicht einmal gehofft. Aber *es* gab direktes Licht.

„Das Verdienst liegt bei dir, Jonathan", sagte der Arzt. „Du hast viel getan. Es war deine Entdeckung, der Wolframstrahl, der die Felsen so stark erhitzt hat, dass sie diese Strahlen herausreißen konnten. Unbeugsame Strahlen. Eine Reihe von Linien unbeugsamen Lichts. Ich werde dieses Licht nutzen, bald."

„Ich weiß. Aber da ist dieser Drang in mir. Das Fernweh."

„Du gibst viel auf. Ruhm. Vielleicht Glück."

Jonathan grinste ein wenig und sagte: „Vielleicht habe ich im Gegenzug viel mehr bekommen."

„Verdammt, Jonathan. Was zum Teufel ist mit mir los? Ich bin *eifersüchtig* , Junge. Wenn ich in deinen Stiefeln wäre, würde ich jedem alten Kerl die Rippen aus dem Leib schlagen, der versucht, mir das größte Erlebnis der Welt auszureden." die Geschichte der Menschheit!"

Jonathan legte seine große Hand auf die Schulter des anderen und drückte sie fest. Der Chef holte sein Taschentuch heraus und putzte sich die Nase.

„Lass uns gehen", sagte er heiser. „Es hat keinen Sinn, noch länger hier herumzuhängen. Nicht, wenn du gehen kannst – wohin du gehst."

Es war ein Samstagnachmittag. Im großen Viereck zwischen den Gebäuden war niemand. Sie gingen einen Weg entlang und rauchten gemeinsam ihren Abschied; ging zum Quad.

Jonathan betrat den Rasen. Er bückte sich, zog sich aus und reichte Dr. Wooden seine Kleidung und Schuhe.

„Ich habe einen Brief für dich hinterlassen", sagte er. „Und eine Vollmacht. Ich weiß nicht, wann ich zurückkomme. Oder – ob."

Jonathan drehte sich um und stand aufrecht; Sonnenlicht glitzerte auf den weißen Tönen seines Fleisches und beschattete die Rippen und Muskelwülste an Armen und Beinen, an Schulter und Bauch. Er hob die Arme und sein Gesicht wurde durch seine Konzentrationsbemühungen hart.

Während er zusah, unterdrückte Dr. Wooden einen Fluch. Vor seinen Augen dehnte sich die Gestalt Jonathan Morgans aus und wuchs. Seine Substanz schwoll an und kräuselte sich nach außen in einer riesigen Wolke aus winzigen Materiepartikeln, die in opaleszierenden Farbtönen schimmerten und glitzerten.

„Er hat seine Struktur in Gas verwandelt", murmelte er.

Das Gas, das ein Mensch war, strömte mit der Geschwindigkeit des Gedankens selbst nach oben und weiter.

II

Die ewige Nacht schimmerte schwarz und samtig, gesprenkelt mit blassblau-weißen Punkten. Rundherum lag das weite Universum; still, aber lebendig mit grellen Sonnen und großen Kugeln, die die Planeten waren, bekannte und unbekannte. Hier wimmelte es in den Weiten des Weltraums von Leben.

Und wie ein unsterblicher, lebendiger Äther raste Jonathan Morgan vorwärts und hinaus in diesen Raum. Schwarze Meteore gingen durch ihn hindurch und schadeten ihm nicht. Irgendwie war er sich ihrer bewusst, da er wusste, dass sie nur die gasförmigen Bestandteile seiner Gestalt beiseite drängten; dass, als sie vorbei waren, sein Körper seine frühere Form wieder annahm. Er wusste, dass sie ihm nichts tun konnten; aber warum, wusste er nicht.

Die unendlich kleinen Materieteilchen, die Jonathan Morgan darstellten, schwollen an, wuchsen und dehnten sich aus. Er floh mit der Geschwindigkeit des Denkens auf und ab. Er wuchs und türmte sich auf, und die Erde verschwand unter dem wahnsinnigen Ansturm dieses seltsamen, galaktischen Riesen.

Er passierte schnell den Mars, warf einen neugierigen Blick auf seine Kanäle und sah halb vergrabene Städte unter uralten Meeresböden. Jenseits des Asteroidengürtels fand er den gefrorenen Jupiter und den Saturn mit seinem Ring und sah seltsame Lebensformen, die auf eisigen Welten ihr Dasein fristeten.

Einen Augenblick später überflog er Pluto und den dahinter liegenden dunklen Planeten. Auch hier gab es Leben seltsamer, fremder Art. Kein Fleisch, sondern eine andere Form von Materie. Er dachte beiläufig, dass er es gerne studieren würde, aber er hatte keine Zeit.

Denn der Ruf, der auf der Erde vage gewesen war, wurde jetzt gebieterisch und beschwörend.

Als Antwort auf diesen Ruf floh er in einem Gasstrom weiter, der zu flüstern schien, während er durch die kalten Leeren des Weltraums raste.

In kurzen Sekunden befand er sich außerhalb der äußersten Grenzen von Sols Herrschaftsbereich und dehnte sich immer weiter aus ...

Proxima, der Sol am nächsten gelegene Stern, leuchtete strahlend in seinem Weg. Dahinter konnte er Alpha Centauri sehen, riesig und hell. Auch die anderen Sterne erkannte er. Denn er war jetzt draußen zwischen den Sternenspuren, und Sol war einen Punkt hinter ihm.

Und je weiter er flog, je größer er wurde, bis er sich über tausend Welten erstreckte, desto deutlicher wurde der Ruf. Er *wusste* jetzt, dass er von der Erde gerufen worden war; wusste, dass vor ihm eine Intelligenz war, die seine Anwesenheit forderte.

Sie wussten, dass sie gerufen worden waren, dass weit vor ihnen etwas ihre Anwesenheit verlangte.

Wahnsinnig warf er sich hinaus und empor und suchte nach den seltsamen und manchmal schrecklichen Welten, die an seinen Augen vorbeihuschten. Außerirdisches Leben, das auf Planeten entstand, die so weit von der Erde entfernt waren, dass man es sich nicht hätte träumen lassen, lebte und starb unter seinem Blick, als er vorbeischoss.

Der Anruf kam endlich klar und deutlich.

Darin stand: „Kreatur des Dritten Planeten der Sonne namens Sol. Hören Sie auf mich. Sie haben gut daran getan, mich zu finden, sehr gut. Richten Sie Ihren Blick in diese Richtung, Erdling. Ein wenig weiter. Ja, genau dort."

„Der blassgelbe Planet. Siehst du ihn? Dann beeil dich, komm zu uns. Denn wir brauchen jede Hilfe, die das Universum bietet. Beeil dich, Erdling!"

Er wirbelte nach unten zum atmosphärischen Gürtel der bernsteinfarbenen Kugel, die träge um eine Doppelsonne kreiste. Noch während er seinen Körper zusammenpresste, bemerkte er in seinen Augenwinkeln das Aufflackern seltsamer schwarzer Lichter auf einer Seite. Sie zitterten und pochten und berührten fast den gelben Planeten.

Dann zog er sich zusammen, zwang die Partikel und Partikel seines Körpers zusammen und schoss nach unten auf eine weite Strecke grüner Rasenflächen und abgerundeter weißer Gebäude zu, die sich anmutig über eine Meile nach der anderen erstreckten.

Die schwarzen Flammen brannten, vergessen.

Er ließ sich sanft auf den glatten Rasen fallen und spürte, wie er unter seinen Füßen nachgab.

„Herzlichen Glückwunsch", sagte eine tiefe Stimme hinter ihm und Jonathan wirbelte herum.

Eine riesige Eidechse stand ihm gegenüber. Es war fünfzehn Fuß hoch, besaß kräftige Beine und einen massiven, gepanzerten Körper. Der große Reptilienkopf blickte ihn leicht an, und die Augen auf beiden Seiten der breiten Nasenlöcher waren voller Intelligenz.

„Du – du bist ein Reptil!" Jonathan schnappte nach Luft.

„Und du – ein Mann", antwortete die Kreatur.

Jonathan grinste und sagte: „Ich glaube, ich war auf jede Lebensform außer deiner vorbereitet. Sogar reines Denken oder Wesen mit nicht-kohlenstoffhaltiger Grundformation. Ich – hmm. Mir kommt es auf, dass wir uns ziemlich gut verstehen."

Das Reptil sah verwirrt aus und grunzte dann.

„Ich habe vergessen, dass du von der Erde kommst. Die Erde ist ein junger Planet. Ihre – ach – Bewohner haben nicht die Fortschritte gemacht, die einige unserer anderen Nachbarn gemacht haben. Deshalb – warum wurden Sie ein wenig verändert. Ich werde Ihnen davon erzählen , später.

„Aber jetzt musst du mit mir kommen und dich ausruhen. Während dein Körper davon unberührt ist, steht dein Geist unter einer enormen Konzentrationsbelastung. Ohne Ruhe würde er eine Reaktion hervorrufen. Du siehst, du verfügst noch nicht über gewisse – ach – Fähigkeiten. So zu sein, wie du bist, ist zu neu.

„Was bin ich bloß? Ich verstehe deine Sprache oder deine Gedanken, und ich habe Dinge getan, von denen ich vor zwei Wochen gesagt hätte, sie seien unmöglich."

„Du wirst lernen. Jetzt musst du dich ausruhen."

Jonathan ging mit dem schwerfälligen Wesen einen Weg aus Schotter entlang, zwischen Hecken voller farbenprächtiger Früchte. Vor ihnen schimmerte ein Gebäude, durchscheinend weiß in den heißen Strahlen der großen Doppelsonne, die jetzt tief am Horizont stand.

„Lebensformen variieren", sagte das große Reptil. „Hier auf Neeoorna blühte das Reptilienleben auf, das auf der Erde ausgestorben war. Es entwickelte sich aufgrund atmosphärischer und anderer Bedingungen schneller. Seine Intelligenz hielt Schritt. In anderen Systemen gibt es Dinge des Denkens, es gibt Wesen mit flüssigem Helium in ihren Adern, Es gibt bestimmte andere, die überhaupt keine Venen haben.

„Und dann, um Sie aufzuheitern, gibt es noch andere, die man durchaus als Männer bezeichnen könnte. Sie sind auch Männer. Sie sind das, was Sie Menschen nennen würden. Sie haben Körper, die Ihren eigenen genau ähneln. Sie werden sie treffen. Alle möglichen." Lebewesen leben heutzutage auf Neeoorna .

Seine Stimme war schwer. Jonathan warf ihm einen kurzen, mitfühlenden Blick zu.

"Stimmt etwas nicht?"

Das Reptil schüttelte nüchtern den Kopf und sagte: „Mit der Zeit wirst du es lernen."

Eine dicke Pergamintür glitt geräuschlos auseinander, als Jonathan und der Neoornianer sich ihr näherten. Sie gelangten in kühle Hallen aus geädertem grünem Marmor, die so hell erleuchtet waren, dass Jonathan es bemerkte.

„Glasfäden, die elektrifizierte Kohlendioxidgase enthalten, die von speziell gezüchteten Pflanzen abgesondert werden. Kohlendioxid strahlt ein Licht aus, das dem gewöhnlichen Tageslicht ähnelt. Wir haben das perfektioniert, bis unser inneres und äußeres Licht dasselbe sind."

Eine runde Kammer, deren kühle blaue Wände Wärme reflektierten und Feuchtigkeit absorbierten, enthielt Stühle und Tische, die den Produkten der Erde so ähnlich waren, dass Jonathan begann.

„Sie sehen aus wie der Traum eines Futuristen, aber sie sind unserem eigenen erstaunlich ähnlich", gab er zu.

„Dies ist der Ratshof für Zweibeiner. Die anderen Höfe sind natürlich unterschiedlich und auf die individuellen Bedürfnisse der verschiedenen Besucher abgestimmt, die Neeoorna beherbergt. Würden Sie oder ein Zarathzan einige von ihnen betreten, würden Sie sofort an Kälte sterben und tödliche Gase oder schreckliche Hitze. Das heißt, es sei denn, Sie wurden vorher gewarnt, was Sie erwartet.

Jonathan rätselte einen Moment darüber. Kein Maß an Vorherwissen machte die tödliche Kälte heißer, noch verwandelte es schädliche Dämpfe in reine Luft. Er zuckte mit den Schultern. Er muss schließlich müde sein. Vielleicht brauchte er eine Pause.

Das Reptil deutete Jonathan auf ein Pergaminsofa, das mit dem gefleckten Fell eines Dschungeltieres bedeckt war. Es sah weich aus. Es lud ihn stumm ein. Jonathan ließ sich darauf fallen und streckte seine Beine aus.

„ Neoornianer nennen mich Shar Bytu ", sagte das Reptil und blickte auf ihn herab. „Wenn Sie etwas brauchen, nennen Sie meinen Namen. Sagen Sie ihnen, dass Sie der Vertreter der Erde sind."

Jonathan wusste, dass seine Augenlider die Sicht auf die große Eidechse verdeckten. Er versuchte, Danke zu murmeln, aber eine sanfte Erstarrung umgab ihn und erfasste sein Gehirn, sein müdes, müdes Gehirn. Er war *so* müde....

Eine sanfte Hand auf seinem Unterarm weckte ihn; brachte ihn scharf und alarmiert hoch wie einen Panther.

Das Mädchen, das sich über ihm beugte, wich erschrocken zurück, die violetten Augen weit aufgerissen, die schmalen Nasenflügel gebläht, und ein Schrei schwebte auf ihrem feuchten roten Mund. Sie sah Jonathan erneut an, las die schnelle Bewunderung in seinen Augen und lächelte.

„Du hast mir Angst gemacht", beschuldigte sie leise, ihre Lippen schwankten zwischen einem Schmollmund und einem Lächeln. „Du bist so groß, so stark – wie ein gesprenkeltes Klauending meiner Heimat Zarathza ."

Das war also ein Zarathzan . Jonathan fand sie gut anzusehen. Ihre Haut war blass lavendelfarben und so zart gerötet, dass sie wie ein seltsamer, seltener Satin aussah. Ihr Haar war schwarz und in Kronen um ihren intelligenten, wohlgeformten Kopf gewunden. Ihre tief leuchtenden Augen leuchteten vor Lachen und Jonathan dachte, ihr Mund wäre perfekt für Küsse.

„Wir sind keine Kämpfer, wir Zarathzaner . Zumindest mit unseren Körpern, wie ihr Erdlinge", sagte sie und sah ihn von der Seite an. „Es ist lange her, dass unsere Art – Bestien war."

Jonathan grinste breit.

„Es ist schon lange her, dass mich ein Mädchen so genannt hat. Das muss irgendetwas an mir sein."

„Oh", flüsterte das Mädchen hastig und legte eine sanfte Hand auf seinen Arm, „ich will dich nicht beleidigen. Manchmal bewundere ich die – Biester."

Nun, er kam voran. Er war sich ihrer warmen Hand auf seinem Unterarm deutlich bewusst. Das Mädchen spürte seinen Gedanken; errötete ein wenig und stand auf.

„Shar Bytu hat mich zu dir geschickt", informierte sie ihn.

„Mein Dank geht an Shar Bytu ", antwortete Jonathan, warf das Fell beiseite und erhob sich. Jemand hatte ihn bekleidet, während er schlief. Er trug dünne Hosen, die bis zu den Knöcheln reichten und sich beim Hochziehen nach außen wölbten. Ein breiter Ledergürtel schmiegte sich eng um seine Taille. Seine große Brust war nackt. Pelzsandalen schützten seine Füße.

Das Mädchen war ebenfalls gekleidet, mit nacktem Bauch und einem weißen Fell um die Brüste.

„Das ist die universelle Kleidung für Berater unserer Art", sagte das Mädchen. „Andere tragen andere Kleidung. Wieder andere tragen keine und haben keinen Sex."

„Ich bin Jonathan Morgan. Haben Zarathzaner – ähm – irgendwelche Namen?"

„Dumm. Natürlich. Ich bin Adatha Za."

Jonathan grinste und sagte: „Freut mich, Sie kennenzulernen. Und jetzt, da die Vorstellungen vorbei sind, nehmen wir an, Sie verraten mir das große Geheimnis hier. Was mache ich bloß auf Neeoorna ?"

Adatha Za war erschrocken.

„Du weißt es nicht? Hat Shar Bytu es nicht erzählt – aber vielleicht hat er das mir überlassen, da ich kein – Reptil bin."

Jonathan musterte sie von oben bis unten und lachte: „Ich bin sehr froh, dass du das nicht getan hast", und er bemerkte, dass Adatha Za – deren Zivilisation Äonen über die der Erde hinausging – erfreut aussah.

Sie gingen zu einem Balkon mit Blick auf ein Beet aus scharlachroten Blumen, die zwischen grünen Grasstreifen gemustert waren. Große Lichter strahlten hoch oben auf den Brüstungen in die Schwärze der neoornischen Nacht und erhellten die Szene vor ihnen. Und hoch am Himmel, schwarz und vor dem Blau des Sternenhimmels wandernd, jagten seltsame Schatten einander zwischen den Sternen.

Adatha Za hob einen bloßen Arm und zeigte auf den großen Fleck am Himmel. Ihr Arm zitterte, während sie auf Jonathan zeigte, und er konnte deutliche Angst in ihren Augen und in den herabhängenden Winkeln ihres scharlachroten Mundes erkennen.

„Siehst du diese schwarzen Flammen? Niemand weiß, was sie sind. Sie töten uns einen nach dem anderen, wenn wir versuchen, sie zu bekämpfen. Sie wachsen. Sie haben bereits einen der Monde dieses Planeten gefressen. Bald werden sie Neeoorna erreichen selbst – tatsächlich haben sie den Rand des Himmels hinter sich gelassen . Und nach Neeoorna werden sie die Zwillingssonnen und andere Sonnen und andere Planeten fressen . Zarathza und die Erde auch. Es wird nichts außer den schwarzen Flammen geben, Erdling. Es wird fressen unser gesamtes Universum!"

Jonathan merkte, dass es ihm im Rücken kribbelte, als er aufblickte. Er spürte tief in seinem Inneren die *Fremdheit* dieser tanzenden Dunkelheiten . Sie stammten nicht aus dem bekannten Universum. Sie kamen von irgendwo draußen, aus einer anderen Welt. So anders als die Erde, dass ihre bloße Anwesenheit den Untergang für alles Normale in seiner Welt bedeuten würde. Unverborgen waren sie aus einem tieferen Raum aufgetaucht und wanderten unaufhaltsam durch den seinen, wie Feuerflammen, die über dünnes Papier leckten.

Die nackte Schulter des Mädchens drückte zitternd seine.

„Ich habe Angst, Erdenmensch", flüsterte sie. „Wenn ich an Zarathza auf dem Weg dieser – dieser Plagen der Hölle – denke, dann – oh, ich weiß nicht, wie ich das sagen soll!"

„Ja", antwortete er nüchtern. „Es ist auch nicht schön, sich vorzustellen, dass die Erde wartet, bis sie an der Reihe ist. Ohne es zu wissen. Glücklich, bis die Erkenntnis kommt –"

Erde! Es war so weit weg, so sicher und heimelig. Ohne sich dieser Gefahr bewusst zu sein, die Millionen Lichtjahre von ihm entfernt wächst, eine Gefahr, die die Auslöschung der Menschen und ihrer Ziele bedroht und sich wie ein lebendes Monster in die Sonnen und Planeten frisst. Jonathan legte einen Arm um das Mädchen; hielt sie an sich. Einsam standen sie voller Ehrfurcht zusammen.

Das Mädchen hob den Kopf und lächelte zitternd. Sie warf den Kopf zurück und ihre Haare strichen über ihre Schultern.

„Lass sie uns vergessen", hellte sie sich auf. „Es gelingt mir ziemlich gut. Es ist einfach – manchmal –, dass ich mich niedergeschlagen fühle."

„Ich fühle mich selbst schlecht. Weiß niemand etwas darüber? Fällt jemandem etwas ein?"

Adatha Za lehnte sich gegen das Marmorgeländer des Balkons, sah ihn an und sagte: „Du bist groß und stark. Was würdest du mit etwas tun, das dich bedrohte?"

„Ich würde kämpfen", grunzte er.

„Wir kämpfen auch. Aber unser Gegner gewinnt immer. Und wenn wir kämpfen, sterben wir immer."

Adatha Za seufzte. Jonathan blickte auf sie herab, sah den süß geschwungenen Mund, der nicht ganz schmollend war, die geraden, dünnen Nasenlöcher und die tiefen, dunklen Augen mit langen Wimpern. Er erkannte, dass sie ein selten schönes Mädchen war. Plötzlich hatte er das Gefühl, als hätte man ihn scharf unter die Rippen gestochen.

„Wenn ich dich sehe, bekomme ich Lust, gegen etwas zu kämpfen", grinste er und lachte ein wenig. „Komisch, so habe ich mich seit meiner Schulzeit nicht mehr gefühlt. Es ist wie der kleine Junge, der vor dem hübschen kleinen Mädchen, das gerade nebenan eingezogen ist, Purzelbäume schlägt. Ich glaube, das kleine Mädchen ist mir noch nie zuvor aufgefallen."

Adatha Za sah ihn an, ihre dunklen Augen leuchteten; aber ihre dünnen Brauen hoben sich leicht fragend.

„Manche Saltos? Was ist das?"

„Oh, das ist nur eine Art anzugeben. Kopf runter und – hier, ich zeige es dir."

Er ließ sich auf den Fliesenboden des Balkons fallen und stürzte. Auf halbem Weg sah er kopfüber auf eine große Gestalt starren, die ihn ungläubig anstarrte. Jonathan errötete heiß und landete hart.

Er saß da und kam sich dumm vor.

Adatha Za fuhr auf und stockte der Atem.

Jonathan holte tief Luft. In den Augen dieses Mannes, der im gewölbten Eingang stand und auf ihn herabblickte, lag eine seltsame Bösartigkeit. Bösartigkeit und Verachtung, und seine dünnen Lippen verzogen sich mit der wütenden Verachtung, die ihn bewegte.

„Du verlangst nur Ärger, Mac", sagte er leise und stand auf. „Ich bin es nicht gewohnt, so angesehen zu werden."

Der Mann stand aufrecht und hochmütig da, aber seine Augen strahlten. Jonathan hatte das Gefühl, als sei er angespuckt worden. Er machte einen Schritt vorwärts; spürte Adatha Zas Hand auf seinem Arm und drückte ihn fest.

„Das ist Morka Kar, Jonathan. Er kommt aus Zarathza . Das ist der Erdling, Jonathan Morgan."

Der Zarathzan neigte seinen Kopf nicht. Er warf Adatha Za einen irritierten Blick zu und blickte dann wieder zu Jonathan.

„Die Gäste von Shar Bytu haben sich versammelt, um den Barbaren zu treffen", schnappte er. „Er hat mich geschickt, um zu sehen, ob er wach ist. Ich sehe, dass er wach ist. Sei so gut, ihm den Tempel zu zeigen, Adatha Za."

Er machte einen Satz auf dem Absatz und ging weg. Jonathan zitterte und machte einen Schritt hinter ihm her, aber das Mädchen neben ihm zupfte an seinem Arm und sagte: „Es ist immer seine Art. Er ist schroff und so selbstbeherrscht, dass ihm alles wie Fröhlichkeit auf die Nerven geht."

Jonathan grunzte. Seine Lippen, die hart gewesen waren, wurden langsam weicher.

„Das Baby hat nur um einen linken Haken gebettelt", knurrte er. „Und irgendetwas sagt mir, dass er es auch bekommen wird."

„ Morka Kar ist ein großartiger Wissenschaftler. Ich bin in seinem Gefolge aus Zarathza gekommen , um bei der Bekämpfung der Flammen zu helfen."

„Ich mag ihn immer noch nicht!" Jonathan holte tief Luft und fragte: „Er – er ist nicht dein Ehemann? Kumpel, meine ich. Oder – dein Verlobter ?"

Adatha Za lachte.

„Sie verwenden seltsame Ausdrücke. Aber ich folge Ihren Gedanken. Nein, er ist weder mein Ehemann noch mein Verlobter. Aber er will mich. Sehen Sie , auf Zarathza bin ich *Tapu* . Der wissenschaftlichen Forschung verpflichtet, es ist mir verboten, einen Zarathzan zu heiraten ." "

Jonathan dachte einen Moment darüber nach. Er blickte sie von der Seite an und grinste. „Wie wäre es mit einem – Erdenmenschen?"

Adatha Za kniff ihn in den Arm und lachte: „Genau genommen spricht nichts dagegen. Zarathza hat bis vor kurzem noch nie von der Erde gehört!"

<hr>

III

Der Tempel der Botschaft erstrahlte in ätherischer Schönheit unter den Strahlen der fünf Monde von Neeoorna . Seine Elfenbeinsäulen hoben schlanke Finger zur schwarzen Basaltkuppel. An seiner Peripherie erstreckte sich ein gewölbter Hof, der bis zum Eingang reichte, dessen massive Metalltore mit hockenden Greifen verziert waren.

Jonathan und Adatha Za gingen durch die prächtigen Marmorkorridore und betraten einen tiefen Ratssaal mit vielen Sitzreihen. Er blieb im Türrahmen stehen und starrte.

Auf salzweißen Bänken drehten sich die Vertreter tausender Welten um und sahen ihn an. Es gab Reptilien aus Neeoorna , lavendelfarbene Zarathzane , kugelige Kreaturen aus dem fernen Sarboola , Gedankenwesen aus fernen Galaxien, ätherische Tartulianer und seltsame schwarze Bestien mit der Intelligenz eines Genies . An einer Wand befanden sich Glaskäfige, in denen Wesen von Planeten untergebracht waren, die so kalt waren, dass sie künstliche Kühlung brauchten, um hier zu leben. Nahe der gegenüberliegenden Seite der Kammer befanden sich dampfende Glasvasen mit anderen Lebensformen, deren Struktur enorme Hitze benötigte, um zu existieren.

In der Mitte des Raumes stand ein hohes rundes Podest aus schimmerndem Metall, das wie ein Thron aufgerichtet war. Dort stand Shar Bytu und überragte die versammelten Hunderte. Sein grünlicher Unterarm blitzte auf und Jonathan trat vor.

„Kommen Sie auf uns zu, Jonathan Morgan", rief Shar Bytu . „Wir von Neeoorna und den Welten unserer Universen haben auf dich gewartet. Du bist das einzige Erdengeschöpf, mit dem wir Kontakt aufnehmen konnten, obwohl wir viele versucht haben. Komm, schließe dich uns an."

Als er den Gang entlangging, warf Jonathan einen Seitenblick auf die völlig fremden Wesen, die dastanden und ihn ansahen. Hier und da sah er jedoch andere wie ihn selbst und die Zarathzaner . Menschen. Männer mit zwei Armen und zwei Beinen. Frauen mit geschmeidigen Figuren und weichen roten Mündern. Nachdem er sie gesehen hatte, fühlte er sich etwas wärmer und hielt seinen Kopf höher.

Er stieg die Stufen hinauf und stellte sich neben Shar Bytu . Das Reptil nickte und lächelte leicht.

„Wir hatten große Hoffnungen auf dich gesetzt, Erdling. Vor deinen Augen siehst du Kreaturen der Verwirrung und des Staunens, die von einer Beinahe-Verzweiflung geprägt sind. Die schattenhaften Flammen sind ein Geheimnis und eine Bedrohung für uns. Das hatten wir gehofft – wir hatten es stark gehofft." Sie könnten die Lösung für ihre seltsame Tödlichkeit bringen. Ich weiß jetzt, dass sie für Sie genauso seltsam sind wie für uns.

„Es gibt mehr als diese Flammen, die für mich seltsam sind", antwortete Jonathan grimmig. „Zunächst auf der Liste steht, wie ich es überhaupt geschafft habe, hierher zu kommen. Woher ich all diese kniffligen Kräfte habe –"

„Das", missbilligte Shar Bytu mit einer Geste seiner sechsklauigen Hand. „Das ist nur eine einfache Erklärung. Sie werden es verstehen, wenn ich es Ihnen erläutere. Sie sind lediglich das ultimative Ziel der Evolution."

„Oh", nickte Jonathan und fragte sich, ob er ausdruckslos aussah.

„Was ist das ultimative Ziel der Evolution anderes als Perfektion?" nahm das Reptil wieder auf. „Auf der Erde hat die Natur mit Dinosauriern, Vögeln und Fischen experimentiert. Einen nach dem anderen hat sie weggeworfen, weil sie nicht in der Lage waren, in ihrer Umwelt zu überleben. Aber die ganze Zeit über hat die Natur gelernt. Sie hat Fortschritte gemacht. Sie hat sie getestet und weggeworfen." Das Reptil und die frühen Formen des Vogel-, Fisch- und Insektenlebens wurden in den Müll geworfen. Die Natur wusste, dass etwas fehlte.

„Sie hat den Menschen erschaffen. Sie hat dem Menschen die inhärente Fähigkeit gegeben, sich an jede Umgebung anzupassen. Sie hat dem Menschen ein Gehirn gegeben, ein Gehirn, das Energie in Form von Gedanken abgibt. Gemessene Energie. Elektrische Energie. Energie, die gemessen und grafisch dargestellt werden kann." Aber die Natur, verschwenderisch in ihren Gaben, ging auch verschwenderisch mit dem Geist des Menschen um. Sie gab dem Menschen neun Millionen Gehirnzellen – weit mehr, als er jemals verwendet hatte. Nur ein großes Genie nutzte ein Prozent dieser Zellen!

„Warum war die Natur dann so verschwenderisch? Im Menschen hatte sie ihr absolutes Höchstmaß erreicht. Es blieb dem Menschen nur noch, die enorme, ungeahnte Kraft seines Gehirns zu perfektionieren. Durch Gedanken! Durch das Aussenden von Strahlen reiner, solider Gedanken, durch das Eintauchen in diese Millionen von Gehirnzellen für die ultimative Kraft, die Kraft, die den Menschen perfekt machen würde!"

Jonathan schloss schaudernd die Augen. Er öffnete die Augen und sah Shar Bytu an.

„Woher weißt du das alles?" er flüsterte.

In seinem verängstigten Inneren dachte er an Veränderungen im Raum-Zeit-Kontinuum und daran, dass unvorstellbare Äonen vergangen sein könnten, seit er die Erde das letzte Mal verlassen hatte. Diese Erde war unglaublich alt –

Shar Bytu kicherte: „Nein, ich habe weder die Gabe der Prophezeiung, noch wiederhole ich die Geschichte. Außer durch Analogie. Denn so wie die Natur uns von hundertsechzehn Sonnen behandelt hat, wird die Natur auch den Menschen behandeln. Natur und Evolution sind unerbittlich." , verbunden mit der Zeit. Und so wird sie den perfekten Mann hervorbringen – den Mann, der sich absolut an seine eigene Umgebung angepasst hat.

„Wir von Neeoorna haben dir das angetan, mit bestimmten – äh – Methoden. Wir haben dich mit Mitteln operiert, die unseren Wissenschaftlern seit Ewigkeiten bekannt sind. Wenn wir einen Atavar in unseren Kliniken haben, öffnen wir seinen Geist völlig, damit er alles abwerfen kann Verbindung mit vergangenen Zeitaltern. So war es auch bei dir. Es war nicht schwierig.

„Infolgedessen sind Sie ein Mann, der immun gegen Schaden ist. Sie haben die absolute Kontrolle über Ihren Körper und über die unbelebten Objekte, die um Sie herum existieren Der Körper verschmilzt entweder mit der Gefahr und verhärtet sich zu einem Schutzschild aus Gegen- oder Korrekturmittel.

„Als sich Ihr Gehirn weiterentwickelte, brauchte es natürlich den Körper, um es zu ernähren, um ihm Energie zu geben. So wurde der Körper zu einem wesentlichen Teil davon. Aber auch der Körper veränderte sich, der Körper reagiert auf jede Umgebung, je nach Bedarf." Folge des Gehirns.

„Kurz gesagt, du bist die ultimative Evolution. Es wurde zum perfekten Werkzeug des Geistes. Es tat *alles* , was der Geist ihm befahl. Also vom dritten Planeten der Sonne Duryu . Oder Sol."

Jonathan holte tief Luft. Er wusste mit tiefster Überzeugung, dass er die Wahrheit gehört hatte, so bizarr sie auch war. Er war kein Mann mehr. Er wusste das in seinem Inneren. Er war so weit über den Menschen hinaus oder würde es jetzt sein, wenn er studiert hätte, wie die Menschen über den Neandertalern standen. Er war der ultimative Mann. Der Mensch in seiner letzten Phase. Der Mensch multipliziert mit allen Kräften, die es gibt. Mann bis zum n-ten Grad.

Mann ! _

„Jetzt, wo ich hier bin, habe ich dich im Stich gelassen", grunzte er heiser.

„Noch nicht. Oh nein. Viele von uns haben versagt. Sie sind nicht mehr – hier. Wir hoffen immer noch, dass Sie uns aufgrund Ihrer Erfahrungen auf der Erde ein Gebäude errichten, auf dem unsere Wissenschaftler einen Hinweis, einen Hinweis finden können." . Alles, was wir fragen, ist eine Vorstellung davon, was uns erwartet. Nur ein Gedanke. Ein winziger Hinweis.

„Aber jetzt müssen Sie sehen, wie wir uns selbst bekämpfen."

Ein riesiges, knolliges Wesen, ein Fischbauch – weiß aufgrund der schweren Wolkenbildung, die seinen Heimatplaneten fünf Lichtjahre von Neeoorna entfernt umhüllte , erhob sich. Er richtete seinen vielschichtigen Blick auf das Podium.

„Shar Bytu ", sagte er klangvoll, „ich bitte um das Recht, den Planeten Moratoyo für uns zu testen . Wir würden versuchen, einen Schauer von Atomen auf die Flammen zu werfen. Wir haben kürzlich Verbesserungen gegenüber unserer früheren Waffe vorgenommen –"

Shar Bytu nickte und schlug mit seiner Krallenhand einen Ebenholzhammer auf die Palisanderkanzel, auf der er stand.

„ Zugegeben . Sitzung vertagt. Die Gäste von Neeoorna werden sich auf dem Testgelände treffen."

Schweigend gingen die Wissenschaftler von ihren Plätzen aus. Jonathan erblickte Adatha Za unter den Zarathzan- Delegierten und rannte zu ihr. Ihre Hand schmiegte sich warm an seine. Sie blickte ihn mit ihren dunklen Augen an und lächelte.

„Ich bin hier fehl am Platz als ein Atheist in der Kirche", sagte er. „Bleib bei mir. Ich muss mich noch orientieren."

Ihre Finger spannten sich um seine und drückten ihn. Er hörte sie flüstern: „Das werde ich."

Das Testgelände lag halbkreisförmig hinter einer großen grünen Rasenfläche. Am nördlichen Ende des riesigen Feldes erhob ein Bogen aus weißen Marmorterrassen rosige Säulen in den Himmel. Unterhalb der Säulen befanden sich Marmorbänke, die sich nun schnell mit Abgesandten füllten.

Die Moratoyons marschierten zu einer glänzenden Waffe, die in der Mitte des staubigen Feldes hinter dem Rasen in Beton eingelassen war. Die Waffe glänzte in einem seltsamen Weiß, hatte zwei rote Kuppeln über dem

Verschluss und war auf beiden Seiten mit Knöpfen und Hebeln ausgestattet. Es bebte und glänzte im Hitzedunst, der sich über den Testsand legte.

Jonathan spürte, wie Adatha Za sich mit Oberschenkel und Schulter gegen ihn drückte. Sie unterdrückte ein Flüstern in seinen Ohren: „Es ist ihre Atomkanone. Sie kann nicht mit einigen anderen verglichen werden, die wir gesehen haben, aber wenn sie sie verbessert haben …“ Ihre Stimme brach in einem lautlosen Schluchzen ab. „Wir hoffen, dass es klappt. Aber wir haben – Angst.“

Jonathan konnte die Angst und Hoffnung um ihn herum fast wie ein Lebewesen spüren. Von den etwas durchsichtigen Gedankenwesen von Sallarsee bis zu den Robotermännern von Kankang saßen alle wachsam da; grimmig, Absicht. Wer Lippen hatte, spannte sie zu dünnen Linien. Wer Augen hatte, kniff sie erwartungsvoll zusammen. Die anderen schwebten oder standen still.

Die Moratoyons auf dem Feld bewegten sich schnell. Sie zogen Bremsen und Hebel fest und verriegelten sie; gedrehte Räder und verdrehte Zifferblätter. Von der Wiege aus Stahl und Zement, auf der er ruhte, hob der große Zylinder aus mattweißem Metall langsam, fast vorsichtig seine stumpfe Nase und zielte in den Himmel.

„Es schießt mit Lichtphotonen aufgeladene Atome“, flüsterte Adatha Za.

Der Chefwissenschaftler von ganz Moratoyo hielt inne und sah Shar Bytu an , der nickte. Der Moratoyon wirbelte herum, schrie laut und beobachtete, wie seine Männer nach den Feuerknöpfen sprangen.

Nacheinander drehten sich die Zifferblätter.

Der Schlagbolzen war gestanzt.

"Gott!" würgte Jonathan heiser und starrte in taubem Entsetzen.

Wo einst die Waffe hell und leuchtend stand, hing ein schwacher roter Nebel, der dicht über der Erde hing und in der Flut der Kohlendioxidbogenlampen blutig schlug, als würde er vor Leben sprudeln. Dann begann es sich aufzulösen, als eine schwache Brise über das Feld wehte.

Es gab ein kleines Loch im Boden, wo die Waffe gewesen war.

Jonathan wurde sich langsam der Hand von Adatha Za bewusst, die sich wie ein Schraubstock um sein linkes Handgelenk schmiegte. Er sah sie an, sah, wie ihre Augen krampfhaft geschlossen waren; sah, wie zwei Tränen unter ihren langen dunklen Wimpern hervorliefen.

Ihr feuchter roter Mund zitterte, als sie flüsterte: „Sie alle scheitern. Alle. So. In einem Moment sind sie hier. Dann sind sie weg. Es ist fast so, als hätten sie sich selbst zerstört."

Jonathan legte einen Arm um ihre nackten Schultern und drückte sie an seine Brust.

„Beruhige dich", knurrte er. „Wir sind noch nicht fertig. Warum zum Teufel! Wir haben noch nicht angefangen zu kämpfen!"

Er sah , wie Morka Kar ihn von zwei Stadionplätzen entfernt angrinste und sein schmaler Mund sich in fanatischer Verachtung verzog. Er spürte, wie der Hass rot aus den Augen des Mannes schlug. Als Antwort auf diesen heftigen, unausgesprochenen Spott fletschte Jonathan seine Zähne.

Er sagte so laut, dass der Zarathzan es hören konnte: „Einer von uns wird einen Weg finden. Wir sind dazu verpflichtet. Es gibt einen Schlüssel zu diesem Rätsel. Es muss einen geben. Das Universum kann nicht enden – nicht so –"

„Vielleicht", sagte Morka Kar laut, „könnte der Erdling die Schatten amüsieren, indem er – stürzt?"

Jonathan erfuhr erst später, dass Adatha Za eine Hand ausstreckte, um ihn zurückzuhalten. Er war wie ein Sprinter unterwegs und seine große linke Faust hob sich schnell. Seine Faust traf Morka Kar, etwas seitlich seines Kiefers.

Es schleuderte den Kopf des Zarathzan herum und nach hinten, hob ihn von den Füßen und ließ ihn drei Sitze tiefer fallen.

Morka Kar lag ausgestreckt und regungslos da. Jonathan grinste breit und rieb sich die Knöchel. Nach einer Weile wurde ihm klar, dass die anderen ihn völlig entsetzt anstarrten.

Adatha Za schnappte nach Luft und schluchzte, dann kam sie und blieb schweigend neben ihm stehen, ihre weiche Hand griff nach seiner Faust. Sie hielt ihren dunklen Kopf hoch und ihre Augen funkelten trotzig.

"Ein Biest-"

„–es ist sinnlos, Hilfe von Dingen zu erwarten, die noch immer von Emotionen beherrscht werden–"

„– ein Fehler. Shar Bytu sollte nicht –"

Er hörte das Gemurmel und das Flüstern, aber Adatha Za sagte: „ Morka Kar hat ihn beleidigt, bevor die Versammlung einberufen wurde. Er ist nicht wie wir, dieser Erdling. Er kämpft, wenn er angegriffen wird!"

Shar Bytu watschelte mit ernstem Reptiliengesicht vorwärts. Er blinzelte Jonathan ein wenig neugierig an.

„Wir dürfen untereinander keine Unruhen haben", sagte er. „Wir brauchen wissenschaftliche und philosophische Ruhe, um der Schattenbedrohung zu begegnen."

„Es war nicht das, was er gesagt hat", sagte Jonathan leise. „Es war die Art, wie er es gesagt hat. Er hat darum gebeten."

„Um was bitten?" verwirrte Shar Bytu und sah sich um.

Das Reptil, das seinen schweren Kopf bewegte, während er nach dem fragte, was Morka Kar gefragt hatte, kam Jonathan unbewusst komisch vor. Er grinste und war aufgemuntert.

Er sagte: „Es tut mir leid. Ich möchte keine Versammlung wie diese auflösen. Anscheinend kommt Ihnen meine Aktion etwas primitiv vor. Ich sehe das überhaupt nicht so. Ich habe nicht darum gebeten." hierher gebracht werden oder die Macht erhalten, die Reise anzutreten. Jetzt, wo ich hier bin, werde ich jedoch alles tun, was ich kann, um zu helfen. Natürlich. Aber kein Zarathzan wird auf mir herumlaufen, wann immer er Lust dazu hat . "

Ein Knurren antwortete ihm. Morka Kar kam unsicher auf die Beine, unterstützt von zwei goqualianischen Robotermännern aus Metall .

„Shar Bytu ", tobte der Zarathzan und schüttelte die Hände ab, die ihn festhielten. „Es ist schon lange her, dass sich ein Wesen meines Standes einem persönlichen Kampf hingegeben hat, aber ich möchte diesen Erdling treffen. Nur wir beide. Von Angesicht zu Angesicht, von Geist zu Geist, in geistiger Monomachie ! "

Adatha Za wurde weiß. Shar Bytu sah äußerst unglücklich aus.

Shar Bytu flüsterte: „Ich hatte gehofft, etwas vom Erdenmenschen zu lernen …"

Jonathan unterbrach ihn: „Ihr alle räumt Morka Kar den Sieg ein. Vielleicht ja, vielleicht auch nicht. Das ist aber nicht nur das, was ich sagen möchte. Die Hauptsache, die uns beschäftigt, ist das Problem der Flammen oder Schatten."

„So sehr ich es auch hasse, es zuzugeben, fürchte ich, dass ich ihnen nicht viel helfen kann. Als du mir nämlich die Kräfte der ultimativen Evolution gegeben hast, konnten meine wissenschaftlichen und sonstigen Kenntnisse nicht mit ihnen Schritt halten. Die gibt es Tausende Erdenmenschen, die bessere Botschafter als ich gewesen wären. Anscheinend war ich übersinnlicher, vielleicht formbarer in der Gehirnstruktur als sie. Ich maße

mir nicht an, das Warum und Warum davon zu kennen. Ich bin hier und ich'
Ich bin froh, dass ich hier bin. Wenn ich helfen kann, werde ich es tun.

„Aber – so sehr ich es auch hasse, es zuzugeben, ich bin überfordert. Diese
Schatten, oder was auch immer es da draußen im Weltraum ist, sind für mich
unerreichbar. Wenn du mich also verlierst – was ich hoffe, dass du es nicht
verlierst –, dann bist du es auch." Ich verliere nicht zu viel."

Jonathan holte tief Luft; fuhr fort: „Ein Dichter auf der Erde sagte einmal
etwas darüber, dass er eine Frau nicht liebte, die er liebte, er nicht mehr ehrte.
Nun, ich liebe das Universum, aber ich verstecke mich nicht hinter einer
Gefahr für es, wenn ein Mann mit mir um eine Frau kämpfen will." Ich
liebe."

Er hörte Adatha Zas beschleunigten Atem; spürte, wie ihre Hand seinen Arm
berührte und drückte. Er stand da, ihre Hand auf seinem Arm, und sah sich
um, auf die Gedankenwesen, die Robotermänner und die Reptilien. Auf
einigen Gesichtern, auf denen derjenigen, die am ehesten wie Männer
aussahen, las er ernsten Applaus. Auf den Gesichtszügen der anderen lag eine
leere Aufmerksamkeit, als würde er mit einem Affen über Geologie sprechen.
Sie konnten seinen Standpunkt einfach überhaupt nicht verstehen.

Aber Morka Kar tat es und er knurrte. Sein mürrischer Mund verzog sich
und seine Augen leuchteten wild, als er von Adatha Za zu Jonathan blickte.

„Noch etwas", ärgerte sich Jonathan und blickte Morka Kar direkt in die
Augen. „Ich bin vielleicht ein Tier, aber ich kenne andere, die tierische
Eigenschaften besitzen – ganz gleich, wie sie sich fälschlicherweise nennen."

Morka Kar kämpfte in den Metallarmen der Robotermänner , die ihn
flankierten. Shar Bytu drehte sich um und fixierte ihn mit einem kalten Blick.

„Du wirst still sein, Zarathzan ", flüsterte er eisig. „Ich habe deine
Verspottungen gegenüber dem einen oder anderen aus unserer Gruppe
schon lange gehört. Bis jetzt hat die Abordnung aus Zarathza noch keinen
Versuch unternommen, die Flammen in die Luft zu jagen, obwohl ich viele
Worte von ihnen darüber gehört habe."

Morka Kar verstummte schnell.

„Die mentale Monomachie wird morgen an diesem Ort stattfinden. Bis dahin
verbiete ich Morka Kar und dem Erdling, sich zu treffen. Wenn einem von
ihnen etwas zustößt, muss der andere mit seinem Leben bezahlen. Sorgen
Sie dafür."

Er drehte sich um und watschelte davon. Morka Kar warf Jonathan einen
kochenden Blick zu und folgte dann dem Reptil. Die anderen teilten sich in
Gruppen auf und übermittelten schweigend verwirrte Gedanken.

Adatha Za saß auf der Steinbank und blickte zu ihm auf, und ihr roter Mund war voller Reue. Ihre Augen unter den dunklen Wimpernrändern beschuldigten ihn.

„Ich hatte gehofft, dass du Zarathza eines Tages mit mir besuchen würdest ", sagte sie leise. "Jetzt du-"

„Jetzt hat sich nichts geändert", grinste Jonathan, ließ sich neben sie fallen und nahm ihre weichen Hände zwischen seine. „Shar Bytu hat mich unendlich gemacht, nicht wahr? Wie kann Morka Kar mir wehtun?"

Ihre Augen weiteten sich besorgt. „Aber Morka Kar ist auch unendlich, wie du es ausdrückst. Er wird deinen Verstand bekämpfen. Du kennst die Wissenschaften, die Morka Kar kennt, nicht. Wenn du nicht weißt, was er gegen dich tun kann, wirst du hilflos sein. Er wird dein Gehirn betäuben, treibe es in den Wahnsinn, dann – zerstöre es."

„Wenn ich nicht so schnell denken kann wie dieser schikanierende Blödmann, bin ich bereit, zerstört zu werden."

Adatha Za klang genervt. „Es geht nicht darum, *schnell zu denken* , auch wenn das eine Rolle spielt. Es geht vielmehr darum, zu wissen, wie man den Waffen entgegentritt, die Morka Kar erschaffen wird, um einen zu bekämpfen."

„–dass er *erschaffen wird* ?"

„Sicherlich. Früher trugen die Menschen auf Zarathza Schwerter und Schilde. Später benutzten sie Perkussionsgewehre, noch später Atomzerfallgeräte. Aber als die Jahre zu Äonen wurden und sich das Leben auf Zarathza weiterentwickelte, wurde entdeckt, dass diese Waffen von nichts waren Einsatz gegen einen geschulten Geist, der einen Blitz mentaler Kraft gegen die Waffe schießen konnte, um sie zu zerstören. Also gingen Männer nackt in den Kampf und erfanden dort ihre Waffen schnell, allein durch Geisteskraft. Ihre Gegner begegneten ihren mentalen Schöpfungen mit Verteidigungsmaßnahmen und Waffen ihrer eigenen Art. Je ungewöhnlicher die Waffe, desto einfacher war es, über den Sieger zu entscheiden."

Jonathan pfiff.

„Meine Vorstellungen von Waffen enden ungefähr bei einer Automatik vom Kaliber .45. Ein Schwert ist nutzlos. Pfeil und Bogen ebenso. Oder ein Speer. Sie sagen, dass Zarathza vor langer Zeit Atomzerfallgeräte hatte, oder?"

Das Mädchen zitterte.

„Atomzerfallgeräte sieht man heute nur noch in Museen", flüsterte sie. „Und du von der Erde hast sie nicht einmal. Lallista ! Du bist ein toter Mann, der herumläuft."

„Hey", kicherte Jonathan, packte sie an den Armen und zog sie herum, damit sie ihn ansehen konnte. „Kopf hoch. Ich weiß vielleicht nicht viel über Waffen, aber ich wette, ich habe noch ein oder zwei Tricks im Ärmel. Ich zeige diesem Blödmann, wo er aussteigt. Warten Sie. Sie werden sehen."

Ihre Augen flehten ihn um Bestätigung an. Sie lag dicht an ihm und ihr Mund verzog sich zu einem Lächeln.

„Du hast also – also einen Scherz gemacht? Du kennst Waffen, die du nicht erwähnt hast?"

„Sicher", prahlte er fröhlich. „Viele davon. Schlagring. Galoppierende Dominosteine. Ein Ginrickey . Ein Mickey Finn . Die Brooklyn Dodgers."

„Ich bin so froh", flüsterte sie. „Dadurch fühle ich mich viel besser."

Sie sah sein Stirnrunzeln nicht, als sie mit ihm über den weißen Kompositionsweg zu ihrem Gästequartier ging. Er dachte nicht an sich. Er fragte sich, was Morka Kar mit ihr machen würde – nachdem er mit ihm fertig war.

„Trotzdem", sagte das Mädchen, „ich denke, ich werde dir einige der Waffen zeigen, die Morka Kar benutzen kann. Zumindest die, die ich kenne. Wir werden gehen und zusammen unter den Monden sitzen, und ich werde es tun." lehre sie dir, einen nach dem anderen.

Jonathan schaute auf ihren roten Mund und grinste. „Ich zeige dir auch eine Waffe. Auf der Erde nennen wir es einen – Kuss."

Die Nacht war warm und die Monde, die über den neoornischen Himmel rasten, warfen einen blassen Glanz auf die Gärten, in denen Adatha Za und Jonathan Morgan saßen. Zwischen ihren Beinen lag eine Kiste, gefüllt mit Streifen aus seltsam gefärbten Metallen, Fläschchen mit glänzenden, matten und schillernden Chemikalien, Behältern und Fächern aus Röhren und Legierungen.

„Aus diesen wird Morka Kar seine Waffen herstellen", sagte sie und befingerte die Gegenstände vor ihr. „Aus den Pfefferminzbonbons, die in der Monomachy- Truhe bereitgestellt werden, wird er in die Lage versetzt, eine Waffe nach der anderen auf Sie zu werfen. Zum Beispiel wird er daraus einen molekularen Magnetisierer herstellen, der die Moleküle, aus denen Ihr Körper besteht, dazu bringt, sich gegenseitig anzuziehen dass Ihr Körper in sich zusammenschrumpft – die Dichte eines Zwergsterns annimmt – durch die Erde in die Mitte dieses Planeten fällt! Oder er könnte damit einen Strahl bilden, der so heiß ist wie die heißeste Sonne im Universum. Vielleicht nicht Benutze das. Es ist eine Waffe, vor der sogar Morka Kar Angst hat. Sie ist zu tödlich. Wenn sie seiner mentalen Kontrolle entgeht, könnte sie den gesamten Planeten in die Luft jagen. Und jetzt aus dieser Röhre –"

Jonathan hörte pflichtbewusst zu. Er war überfordert mit der Sache, und noch so viel Pauken in letzter Minute würde ihm nicht helfen. Es würde Jahre dauern, sich dieses Wissen anzueignen. Er gab nicht auf, aber er erkannte, dass, wenn er tatsächlich gewinnen würde, dies auf irgendeine rein irdische Weise und nicht durch das Studium der Waffen Zarathzans geschehen würde
.

Er sah Adatha Za an. Er legte seine Hände auf ihre weichen Schultern und drehte sie zu sich. Ihr Blick war fragend.

„Auch wir haben eine Waffe auf der Erde", flüsterte er. „Es ist ein Kuss. Habt ihr Zarathzaner den Kuss?"

Mit hochgezogenen Brauen folgte das Mädchen seinem Gedanken, schüttelte dann ein wenig verächtlich den Kopf und sagte: „Nein. Das scheint keine Waffe zu sein, die ich kenne. Ist es eine gute Waffe?"

„Das Beste, was es an einem Abend wie diesem gibt – mit einem Mädchen wie dir."

Ihr Mund war warm und weich und feucht unter seinem. Seine Lippen hielten ihre lange Zeit fest, bevor er sie losließ. Sie öffnete langsam ihre Augen mit den langen Wimpern und starrte ihn an.

„Das ist keine Waffe", beschuldigte sie leise. Sie hob ihre Arme, zog seinen Kopf wieder nach unten und flüsterte: „… aber es gefällt mir. Ich sollte es wirklich noch etwas genauer studieren."

Diesmal war es das Mädchen, dessen Lippen sich an ihm festhielten.

Jonathan lachte. „Für einen Zarathzan versteht man es ziemlich schnell."

„Ich bin Wissenschaftlerin", erwiderte sie.

Adatha Za schmiegte sich an seine Arme und ihr Haar überschwemmte seine Brust und seine Schulter. „Ich wünschte – ich wünschte, dass du und ich gemeinsam nach Zarathza zurückkehren könnten , Jonathan Morgan. In meiner Villa am Jaralayan- Meer würde ich gerne lernen." Diese Kusswaffe von dir. Es ist so eine schöne Waffe, auch wenn sie mir ein wenig Angst macht."

Sie keuchte plötzlich und versuchte sich aufzusetzen, aber Jonathans lange Arme hielten sie fest.

„Was frisst dich jetzt?" er wollte wissen.

„Dieser Kuss – wie oft hast du auf der Erde schon mit dieser Waffe experimentiert?"

Jonathan kicherte. „Als Nächstes sagst du mir, dass ich es wie ein Experte mache!"

Adatha Za ging zur Seite und musterte ihn. Schließlich nickte sie keck und lachte ein wenig.

„Ja, das glaube ich. Und ohne Übung wurde noch nie jemand perfekt!"

„Vergiss das nicht. Shar Bytu hat mich zum Perfektionisten gemacht."

Adatha Za seufzte, als sie sich wieder in seine Arme schmiegte und flüsterte: „Es gibt einige Dinge, Jonathan Morgan, die nicht einmal die Evolution tun kann."

IV

Adatha Za holte ihn am nächsten Tag ab, um mit ihm in die Arena zu gehen. Ihre Augen waren dunkel und eingefallen, ihr weicher roter Mund zitterte. Ihre Haare hingen offen und ungekämmt herab . Sie kam in seine Arme und küsste ihn; zog sich zurück und blickte ihm zitternd ins Gesicht.

„Ich freue mich über die letzte Nacht", flüsterte sie. „Obwohl ich Hoffnungen hatte – eines Tages in meiner Villa über dem Jaralayan- Meer –
"

Sie vergrub ihr Gesicht an seiner Brust und bewegte es langsam hin und her, verwirrt.

„Hey", schrie Jonathan und hob ihr Gesicht mit einem Finger unter ihrem Kinn. „Warum so düster? Ich dachte, wir hätten gestern Abend entschieden, dass ich eine Chance hätte."

„Das hast du – letzte Nacht. Heute … heute hat Shar Bytu bekannt gegeben, dass der Gewinner der mentalen Monomachie darin besteht, sich an die schwarzen Schatten zu versuchen! Also –"

„Uff", grunzte Jonathan, „das haut einem Kerl irgendwie die Stelzen weg. Egal wer gewinnt, beide werden sterben, es sei denn – nein, das Zeitalter der Wunder ist schon lange vorbei. Was sagt Morka Kar dazu ? " ?"

im Moment nicht hoffen, gegen alle Wissenschaftler auf Neeoorna zu kämpfen. Ich – ich Ich glaube, er wird aufhören. Lassen Sie die Monomachie für unentschieden erklären. Das wird es ihm ermöglichen, gleichzeitig sein Gesicht und sein Leben zu wahren.

„Ich werde gewinnen, wenn ich kann", sagte Jonathan langsam. „Ich kann diesen Kerl einfach nicht ansprechen."

Ihre langen Fingernägel bohrten sich in das Fleisch seiner Handgelenke. Ihre Stimme war heiser und verzweifelt: „Bei Lallistas Brut, Jonathan! Verärgere ihn nicht. Deine einzige Chance besteht in der Bereitschaft von Morka Kar, dich zu verschonen, damit er sich selbst verschonen kann. Wenn er die Beherrschung verliert – Jonathan, das will ich." Du lebst.

Er tätschelte lächelnd ihre nackte Schulter.

„Diese Villa am Meer werde ich immer noch sehen, Schatz. Mach dir darüber keine Sorgen. Aber es ist jetzt Zeit zu gehen. Ich möchte nicht, dass diese Angelegenheit aufgegeben wird."

Sie gingen langsam, Hand in Hand, den Kieselweg entlang zum großen weißen Amphitheater. Es erhob sich groß und grimmig und brütete über dem schönen Platz vor seinem Eingang. Der Platz war verlassen. Ihre Schritte klangen laut in ihren Ohren.

Sie gingen die Stufen hinauf und durch die ovale Tür. Allein gingen sie den schwarzen Korridor entlang zur Arena.

Die Plätze im Arenaraum waren gefüllt. Zehntausend Augen blickten Jonathan düster an, als er auf den großen Elfenbeinstuhl zuging, der auf dem sandigen Feld stand. Er wusste, dass Morka Kar ihn vom Ebenholzthron gegenüber dem Elfenbeinstuhl aus beobachtete, aber er würde verdammt sein, bevor er in seine Richtung blickte!

Jonathan ließ sich auf dem Sitz nieder, bevor er seinen Gegner ansah. Morka Kar saß ihm gegenüber, beide Arme ruhten auf den Ebenholzarmen. Sein schmaler Mund war zu einem sardonischen Grinsen verzogen. Seine rot gefärbten Augen glitzerten vor Hass.

Adatha Za trat mit einer länglichen, mit Juwelen verzierten Kassette vor. Sie fiel auf die Knie, schloss den Deckel auf und öffnete ihn. Darin befanden sich Reihe für Reihe glitzernde Fläschchen und Retorten mit Flüssigkeiten und Pulvern sowie lange Metallstäbe und Nadeln.

Über Adatha Zas nackten Schultern beobachtete Jonathan, wie ein dreibeiniger paravianischer Tanz seinen Weg zu Morka Kar bahnte. Der Paravianer trug auch einen Monomachy -Sarg.

Adatha Za sprach schnell: „Wenn Sie seine Waffenform sehen, bekämpfen Sie sie. Benutzen Sie das Gegenmittel. Wenn Sie das nicht wissen", sie würgte jetzt und schluchzte fast, „wenn Sie das nicht wissen, greifen Sie die Waffe mit Ihrem Verstand an. Sie hat Existenz, aber." Es ist eine geistig energiegeladene Existenz. Mentale Energie kann sie zerstreuen, wenn sie stark genug ist. Es gilt nicht als gute Form – aber es ist sicher."

Die dunklen Augen schimmerten durch Tränen, als sie zu ihm aufsah.

„Leb wohl", flüsterte sie.

Und drehte sich um und floh.

Morka Kar streckte einen Fuß aus und schlug den Deckel der Truhe vor seinem Thron zu. Das *Klappern* des sich schließenden Deckels ertönte laut in der hohen Kammer und verschmolz mit dem atemlosen Keuchen, das die Menge erschütterte. Nur ein Matheloser Monomachy- Kämpfer verachtete die Hilfe der Kiste.

Jonathan sah Morka Kar an und grinste.

Er streckte seinen eigenen Fuß aus und schlug die Abdeckung zu. Undeutlich nahm er in einer entlegenen Ecke seines Gehirns das Erstaunen wahr, das die Zuschauer erfasste. Sie wussten nicht, ebenso wie Adatha Za, dass der Inhalt dieser Kiste für Jonathan ebenso ein Rätsel war wie die schwarzen Schatten. Ohne wäre er besser dran. Es gab ihm weniger Anlass zum Nachdenken und er brauchte seine gesamte Denkkraft.

Morka Kar knurrte. Sein Blick richtete sich direkt auf Jonathan –

Zarathzan in der Luft !

Sie schimmerten und glitzerten, erfüllt von schillernden Nebeln aus Grün, Rot, Weiß und Lila. Sie tanzten unheimlich, als wären sie betrunken, als würden sie zur Musik eines außerirdischen Dudelsackspielers tanzen. Sie hüpften und schwankten auf unsichtbaren Saiten in einer wilden und unheimlichen Sarabande. Sie schwangen nach außen und kreisten.

Dann stürzte er sich direkt auf Jonathan.

Jonathan nutzte seine gesamte mentale Kraft, um sich zu verteidigen, aber die erste Blase platzte erst, als sie sich ihm bis auf einen Meter näherte. Die anderen fielen danach leicht auseinander.

Jonathan runzelte die Stirn, und vor ihm hing eine Automatik in der Luft. Es verwandelte sich in graue Nebel und verschwand, getroffen von einem Blitz aus flüssigem Feuer.

Morka Kar lachte heiser. „Machen Sie es besser, Erdling. Wir von Zarathza haben solche Waffen vergessen."

Ein farbloser Schleier bebte vor dem Zarathzan . Es schien nur ein Hitzeflimmern zu sein; Aber als er die Sandwüste im Inneren des Schimmers sah, als er graues und wogendes Meer anstelle des Sandes sah und sah, wie sich das Meer in tosende Flammen verwandelte, wusste er, dass er auf eine Waffe blickte, die dem irdischen Denken völlig fremd war.

Seine Knöchel wölbten sich, bis die Haut darüber vor Wut seiner Konzentration weiß wurde. Er schnappte nach Luft und sah, wie der Schimmer verblasste.

Er sandte einen Strahl Radiowellen aus; sah, wie sie einen Strahl gleicher Kraft trafen und nutzlos zerbrachen. Er warf Säure. Es traf ein Alkali. Er warf eine Kugel und sah zu, wie sie in einem Hitzeschild schmolz, der das Blei in Rauch verwandelte.

Währenddessen verspottete ihn der Zarathzan mit schrillen Worten: „Affe. Geh zurück in die dampfenden Dschungel deines Planeten, Affe. Wir brauchen hier keinen Idioten. Geh zurück, Affe!"

Noch während er sprach, bildete sich vor Morka Kar ein rotes Dreieck in der Luft . Es glühte und brannte mit grünen Höllenfeuern. Jonathan ließ Wasser darauf fallen und die grünen Feuer loderten und wuchsen und dehnten sich aus und ernährten sich vom Wasser.

Jonathan schauderte, als er sie schließlich löschte. Kalte Schweißperlen stiegen ihm auf die Stirn. Er wurde schwächer. Sein Gehirn konnte dieser Strafe nicht standhalten. Er hatte es zu viel ausgesetzt. Es würde bald nachgeben. Es war nicht konditioniert, wie es bei Zarathzan der Fall war .

Er dachte flüchtig an die letzte Nacht, als Adatha Zas Mund unter seinem brannte. Nie wieder diesen Mund kennen lernen! Sie hatte auf seine Stärke vertraut, auf seine Prahlerei. Sie hatte ihm von ihrer Villa über dem Meer erzählt. Jetzt sollte er sie im Stich lassen. Er hatte damit geprahlt, ein Mickey Finn zu sein . Von Schlagring. Was für ein grober Scherz. Er hatte sogar erwähnt –

Jonathan setzte sich aufrecht hin. Er dachte.

Als Morka Kar den Schläger in seinen Händen sah, johlte er.

„Eine Keule! Der Affe hat eine Keule gefunden, mit der er töten kann. Lallista ! Er scherzt."

Jonathan schwang das Holz mit lockerer Vertrautheit in seinen Händen. Er hob es über seine Schultern und bewegte es dann brutal. Plötzlich gab es einen *Platsch* .

Morka Kar, der immer noch über seinen Spott lachte, brach zusammen und stürzte vom Ebenholzsitz.

Jonathan bemerkte, dass seine Knie zitterten. Er setzte sich schnell.

Adatha Za kam angerannt, schluchzte und lachte.

„Du hast ihn geschlagen. Du hast ihn geschlagen. Was für eine seltsame Waffe. Was war das? Morka Kar dachte, es sei nur eine Keule. Er traute sich nicht, seine mentale Kraft dafür aufzuwenden. Aber du hast ihn getäuscht!"

Jonathan hielt das Holz hoch und schüttelte es lachend. „Das ist in Amerika als Baseballschläger bekannt. Ein Schläger aus Louisville. Das alte Hickoryholz, die Esche. Und das Ding, das Morka Kar traf, war ein Baseball. Götter! Ein Scherz, er . " nannte es.

Shar Bytu blickte von Morka Kar zu Jonathan und sagte: „Du musst ihn zerstören. Das ist die große Regel der geistigen Monomachie ."

Aber Jonathan schüttelte müde den Kopf.

Shar Bytu blickte auf den Zarathzan herab . Er schien fast zu genießen, was er tat. Aber es war augenblicklich vorbei. Ein paar Staubkörner setzten sich auf den Boden . Jonathan fühlte sich krank.

Die anderen versammelten sich um ihn. Ihre Stimmen waren aufgeregt.

„Eine neue Waffe zur Bekämpfung der Flammen."

„Der Erdling hat unser Problem gelöst."

„Wenn es einen Monomachi- Kämpfer wie Morka Kar verblüfft, könnte es bei den Flammen wirken."

Jonathan versuchte es zu erklären und blickte auf ihre Gesichter.

„Nein, nein", schrie er und schilderte ihre Gedanken. „Es ist keine Waffe. Es ist ein Sport, den wir auf der Erde ausüben. Ich – es – der Schläger wird verwendet, um einen Ball zu schlagen. Morka Kar wusste das nicht. Er dachte, es sei nur ein Schläger.

„Zum Glück konnte ich meinen Schuss entscheiden. Ein gerader, schneller Ball. Keine Kurve. Ein gerader …"

Jonathan blinzelte. Er blieb stehen und würgte; Augen weit aufgerissen.

„Vielleicht", flüsterte er. "Vielleicht-"

Die anderen wurden still und schauten zu. Sie spürten seine starke Erregung, sahen, wie seine Hände zitterten und wie seine Lippen zuckten. Adatha Za klammerte sich an seinen Arm und ihre Augen waren violette Hungersträhnen.

Es war nicht allzu fantastisch – noch nicht.

Es hing alles von geraden Linien und Kurven ab und davon, ob eine gerade Linie jemals gebogen werden kann. Der kürzeste Abstand zwischen zwei

Punkten. Wenn die gerade Linie in eine Kurve verschoben werden konnte, dann lag er falsch.

Aber wenn er recht hätte! Wenn sich diese Art von Geradheit *nicht* krümmen könnte, könnte sie sich möglicherweise durch ein Universum fressen, das auf etwas basiert, das sich krümmen sollte: Licht.

Dr. Wooden und er hatten Fortschritte bei ihren Experimenten mit Lichtstrahlen gemacht, die von Calcatryt stammen . Sie hatten die Quantentheorie erforscht, hatten homogenes Licht gegen eine Metallplatte gedrückt und gesehen, wie es ihr Elektronen entzog. Diese Lichtenergie wurde teilweise in die kinetische Energie der bombardierten Elektronen des Metalls umgewandelt.

Von hier aus war es ein Fortschritt bei der Entdeckung, dass Calcatryt einen Photonenschauer von so gewaltiger Konzentration erzeugte, dass er sich direkt durch die Metallplatte fraß; Sie hatten keinen Hinweis darauf gegeben, dass sie anhalten würden, bis sie den Plastit- Schirm gebaut hatten : reines Schwarz, überzogen mit einem feinen Staub aus Calcatryt .

Sie hatten keine Möglichkeit zu wissen, ob die Strahlen genau auf dem Bildschirm stoppten. Sie könnten immer so weitermachen. Und wenn sie sich durch Metall fressen und dabei die Elektronen freisetzen würden, aus denen es besteht, könnten sie sich durch das Universum fressen!

Jonathan schauderte und sah sich um.

Er kannte jetzt seinen Kurs. Aber um es zu beweisen –

Er musste durch die Flammen gehen!

„Sie haben verkündet, dass der Sieger der geistigen Monomachie durch die Flammen gehen würde, Shar Bytu ", sagte er. „Als Gewinner und als Vertreter der Erde beanspruche ich dieses Recht."

Shar Bytu sah ihn an und seine Augen waren wie Flecken aus kaltem Mondlicht. Plötzlich funkelten sie.

„Das Recht liegt bei dir, Erdling. Und irgendetwas sagt mir, dass du endlich derjenige sein könntest, der Erfolg hat. Ich habe es in deinem Kopf gelesen. Ja, deine Theorie ist gut. Zu glauben, dass die Bedrohung von der Erde ausging. Von der kleinen, unzivilisierten, barbarischen Erde."

Er watschelte davon und bewegte seinen schweren Reptilienkopf hin und her.

Adatha Za drückte ihre heißen Wangen an Jonathans Brust. Ihre Stimme war leise und besorgt: „Wie wirst du die Flammen bekämpfen, Jonathan? Welche Waffe gibt es, die sie zerstören kann?"

„Keine Waffe unter allen Sternen und allen Sonnen kann die Schatten zerstören, Adatha Za. Sie sind Außerirdische. Die einzige Hoffnung, die es gibt – ist, sie auszuschalten."

Er schoss schnell vom sandigen Boden der Arena in die Höhe. Einen langen Augenblick lang sah er unter sich Adatha Za mit ihrem schönen, nach oben gerichteten Gesicht: die Hände zwischen ihren Brüsten verschränkt, der rote Mund war bissfest, bis er anschwoll, die dunklen Augen waren verschleiert. Shar Bytu stand neben ihr und berührte mit seiner schuppigen Haut ihren nackten Arm. Die anderen waren zu zweit und zu dritt gruppiert: schweigend und regungslos beobachteten sie ihn.

Wie lange sie dort standen, wusste Jonathan nie. Sein Geist war voll und ganz mit einer wütenden Anstrengung von unglaublicher Konzentrationskraft beschäftigt: seinen Körper in das starre und fremde Muster zu zwingen, von dem sein Geist wusste, dass es allein Sicherheit vor einer Katastrophe bedeuten würde.

Licht, das niemals von seinem geraden und rücksichtslosen Weg abwich. Licht, das Materie absorbieren würde, das einen Strom von Elektronen aus ihr herausschütten und die Elektronen in einem Kraftstoß freisetzen würde, der sich von der Materie ernährte, die es berührte. Das waren die schwarzen Schatten!

Und als er weiter in die Flammen raste, zwang er seinen Körper in Lichtstrahlen, starr und unbeugsam. Er musste mit den Flammen verschmelzen oder zerstört werden.

Er raste weiter, auf den ebenholzfarbenen Schlund zu, der wie ein durchsichtiger Geleeklecks bebte und glitzerte und sich vor der Dunkelheit des Weltalls bauchte.

Er streckte die Hände aus wie ein Taucher und tauchte in die Dunkelheit ein. Die Bewegung half ihm, sich auf die Geradlinigkeit zu konzentrieren. Der Wind und die Dunkelheit umgaben ihn und leckten an seiner leichten Gestalt. Die Flammen berührten und streichelten seine Brust und seine Schenkel .

Die Schwärze war jetzt er selbst; ein Teil von ihm, ein Teil seines Geistes, ein Teil seines Körpers.

Und er ging schnell weiter.

Seinem Ziel entgegen.

Auf dem Planeten Neeoorna kannte Adatha Za den salzigen Geschmack ihrer Tränen. Ihre roten Lippen waren durch die tief in ihre Weichheit eingedrungenen Zahnspuren aufgebläht . Ihre Brüste hoben sich schnell.

Die anderen standen um sie herum und ihre Gedanken waren leer.

In diesem Moment verstanden sie es, aber Freude und Ehrfurcht waren stärker als bloßes Wissen.

Die schwarzen Schatten blinzelten einmal. Sie zwinkerten noch einmal flüchtig.

Dann verschwanden sie.

V

Dr. Wooden schwieg, während Jonathan Morgan seine Hand von dem Schalter zog, der ein Hitzebad auf die Calcatryt -Blöcke in ihren metallischen Halterungen erzeugte. Das Summen der Motoren verstummte. Der schwarze Bildschirm im Hintergrund verstummte und erlosch.

„Nun", sagte Dr. Wooden und richtete sich auf. "Hallo."

Jonathan setzte sich, streckte eine zitternde Hand aus und zog eine offene Schachtel Zigaretten zu sich heran.

„Ich war weit weg", sagte er langsam. „Auf die andere Seite des Universums. Milliarden Meilen entfernt und doch – in Ihrem eigenen Hinterhof."

Dr. Wooden grinste und setzte sich auf die Kante der Sandsteintischplatte. Er zündete sich selbst eine Zigarette an und sagte: „Erzähl es mir."

Jonathan erzählte es ihm. Und dann sagte er: „Es scheint wirklich verständlich genug zu sein. Diese Kräfte, die ich besitze. Was sind sie anderes als eine angeborene Anpassungsfähigkeit an die Umwelt. Und ist das nicht das wahre Ziel der Natur?"

„Die Umwelt ist das, was zerstört, was schwächt, was tötet. Nennen Sie es einen Hochofen unsterblich, im physischen Sinne. In dem Sinne, dass er *in sich* alle notwendigen Eigenschaften besitzt, die es ihm ermöglichen, diese Umgebung zu überwinden. Auf diesem Weg liegt die Unsterblichkeit."

Dr. Wooden betrachtete die glühende Spitze seiner Zigarette. Er sagte: „Das ist klar genug. Es ist fantastisch, aber wer weiß, welche Veränderungen eine Million oder zwei Millionen Jahre im Menschen mit sich bringen werden. Gott weiß, es hat viele Veränderungen auf der Erde selbst mit sich gebracht! Nun zu den Flammen –"

Jonathan drückte seine Zigarette aus.

„Es waren die Emanationen des Kalkatryten . Das wurde mir irgendwann klar. Es lag auf der Hand. Es musste etwas sein, das einem Universum mit Lichtkrümmungen fremd ist. Etwas, das entweder Materie auffrisst oder sie unsichtbar macht oder eine Tür öffnet, durch die sie austreten kann." Irgendwo raus, ins Nichts.

„ Calcatryte gibt gerades Licht ab, das so stark ist, dass es sich durch Metall frisst. Es könnte sich genauso gut durch Erde und Gestein, durch den Mond eines Planeten, durch einen Planeten selbst fressen. Kurz gesagt, durch das Universum. In einem Universum, das auf Krümmung basiert Licht, dieses unbeugsame Licht war eine Anomalie. Es hat unser Universum aufgefressen oder zumindest damit begonnen."

„Noch einmal klar genug. Es ist vernünftig und möglich. Aber als du in die Schatten gegangen bist und durch sie gegangen bist, bist du hier in meinem Labor aufgetaucht. Aber mein Labor ist Milliarden und Abermilliarden Meilen von Neeoorna entfernt . "

Jonathan grunzte: „In Bezug auf den gewöhnlichen Raum, ja. Ich bin durch den Hyperraum gereist."

„Das ist ein mathematisches Konzept."

„Ich weiß. Aber wir – Sie haben bewiesen, dass es existiert. Es wurde mathematisch bewiesen."

Dr. Wooden sah zweifelhaft aus. Jonathan nahm einen Bleistift und drückte mit der Spitze auf ein Stück Millimeterpapier.

„Diese schwarze Markierung, dieser Punkt, ist eindimensional. Verlängern Sie eine Linie von diesem Punkt zu einem anderen Punkt. Die Linie ist auch eindimensional. Setzen wir den Bleistift auf die Linie und ersetzen Sie die Linie durch den Bleistift. Seit dem Bleistift hat drei Dimensionen, so auch die Linie – denn der Bleistift ist die Linie.

„Angenommen, ein n -dimensionales Objekt. Ersetzen Sie den Bleistift durch das n -dimensionale Objekt und wir haben eine n -dimensionale Linie. Es ist ein n -dimensionaler Raum aus n -dimensionalen Punkten, anstelle unserer ursprünglichen Definition einer Linie als eine einzelne dimensionierter Raum aus in einer Reihe angeordneten Punkten.

„Der gewöhnliche Raum wird dreidimensional genannt, weil er von dreidimensionalen Dingen eingenommen wird. Ebenen zum Beispiel. Aber wenn wir von Linien aus Kugeln oder Kreisen sprechen, können wir leicht in den Bereich der n-Dimensionalität vordringen . "

„Der Nachteil ist, dass wir es nicht sehen können. Wir können uns keine n -Dimensionalität vorstellen."

„Folglich waren wir schon immer von der Mehrdimensionalität fasziniert, weil wir sie uns nicht vorstellen können. Aber die Kalkatrytenstrahlen wurden nicht durch einen Mangel an Vorstellungskraft gebremst. Sie flogen einfach in einen n-dimensionalen Raum davon und landeten dort. “ in der Nähe von Neeoorna . Es waren Linien, erinnern Sie sich, gerade Linien. Und Linien können n-dimensional sein.“

Dr. Wooden rieb sich das Kinn und sagte: „Könnte sein, könnte sein. Aber wie löst der Hyperraum Ihr Problem?“

„Ein Punkt innerhalb eines Kreises kann diesen Kreis verlassen, ohne seinen Umfang zu überqueren. Ebenso könnte ich von der Innenseite zur Außenseite einer Kugel gelangen, ohne durch die Oberfläche eines vierdimensionalen Objekts zu gehen.“

„Diese Calcatryt- Strahlen strahlten aus Ihrem Labor in den Hyperraum, durchquerten den gewöhnlichen Raum, ohne ihn zu berühren, und erschienen Milliarden von Meilen entfernt. Als ich in die Schatten eintrat, folgte ich ihrem Kurs.“

Dr. Wooden holte tief Luft und sagte: „Wenn ich nicht gesehen hätte, wie Sie aus dem Nichts auftauchen –“ und brach lachend ab.

„Das Sehen dringt doch ein, nicht wahr? Aber die Versuche, die unternommen wurden, um die Schatten zu bekämpfen! Warum wurden die Angreifer immer vernichtet? Es sei denn – es sei denn, ihre Waffen schlugen nach hinten los –“

„Das ist mein Gedanke. Sie haben dreidimensionale Objekte auf einen n-dimensionalen Raum geschossen. Die dreidimensionalen Objekte kamen nie irgendwohin. Sie haben nicht einmal ihre Quelle verlassen. Sie haben ihre schreckliche Energie genau dort verbraucht, wo sie begonnen haben.“

„Nun“, murmelte Dr. Wooden. „Man könnte stundenlang reden und nichts *beweisen* .“

Er brach ab und sah Jonathan an. Er nahm einen Holzhammer und hielt ihn ihm hin.

„Zerstöre es“, sagte er einfach. „Wenn es eine so große Gefahr für das Universum darstellt, verdient es die Auslöschung.“

Jonathan streckte seine Hand aus und schob den Hammer beiseite.

Er beugte sich über den Tisch, legte beide Hände darauf und stützte teilweise sein Gewicht ab.

Der Calcatryt in den Metallgestellen begann zu zittern, als bestünde er aus einer löslichen, sich bewegenden Flüssigkeit. Ihre Adern verliefen in Farbkanälen, Rot und Grün sowie Blau und Gelb. Die Blöcke verschwanden und wanden sich.

Der Calcatryt verblasste Stück für Stück.

Jonathan stand auf. Er sah abgenutzt aus, aber seine Lippen lächelten.

„Es ist geschafft", flüsterte er.

„Du wirst nicht bleiben?"

Ein Lächeln erschien und blieb auf Jonathans Lippen.

„Nein", sagte er. „Nein, ich werde nicht bleiben. Ich gehe zurück nach Neeoorna und dann nach Zarathza – um den Sonnenaufgang über dem Wasser des Jaralayan- Meeres zu beobachten."

Er ging hinaus und die Tür schloss sich leise hinter ihm.